L'autore

Giuseppe Lombardi nasce a Caserta nel 1983.

Sin da piccolo mostra la sua vena artistica, appassionandosi al disegno a mano e al mondo dei fumetti, a cui dedica interi pomeriggi.

Diplomato al liceo linguistico di S.Maria Capua Vetere (Ce), abbandona temporaneamente questa sua passione per poi riscoprirla nel 2007, avvicinandosi non solo al disegno a mano ma anche all'uso di software di grafica.

Dal 2012 Giuseppe trasforma questa sua passione nella sua attuale professione e così nasce fattidisegnare.com.

Giuseppe vanta tantissime collaborazioni anche con V.I.P. Nazionali e Internazionali.

Giuseppe si occupa prettamente di Illustrazioni personalizzate in vari stili, ma anche della realizzazione di loghi, locandine, brochure, cartellonistica, creazione di vignette calcistiche per giornali on line, live Drawing per Cerimonie e Feste private con disegni fatti a mano live in soli 2 minuti.

Inoltre abbinando il disegno a mano a software di grafica, crea il suo stile personale di disegno digitale.

www.fattidisegnare.com

Titolo: Disegnare le Caricature

Copyright © Giuseppe Lombardi

 *INDICE*

INTRODUZIONE

Il libro Disegnare le Caricature è una guida completa e veloce per chi vuole imparare a disegnare caricature frontali, divertenti ed esilaranti. Il libro copre tutto ciò che serve sapere, dalle basi del disegno alle tecniche avanzate per creare caricature accattivanti.

Inizia con le nozioni di base sulle proporzioni del viso e su come creare una caricatura utilizzando linee semplici e forme basiche.
Include anche consigli pratici su come evidenziare le caratteristiche distintive di una persona e su come trasformare queste caratteristiche in elementi comici nella tua caricatura.

In sintesi, il libro di caricature è uno strumento essenziale per chiunque voglia imparare a creare caricature divertenti e creative. Con le sue istruzioni dettagliate e i consigli pratici, questo libro ti aiuterà a sviluppare le tue capacità di disegnatore di caricature e a diventare un artista esperto.

Caricature

Le caricature sono un'arte divertente e versatile, un modo unico di rappresentare la realtà attraverso l'esagerazione dei tratti del viso e del corpo delle persone. Esse sono utilizzate per creare immagini divertenti e ironiche, mediante cui criticare la società o i personaggi famosi.

Le caricature possono essere disegnate a mano o create digitalmente e possono essere utilizzate in molte forme di media, come giornali, riviste, fumetti e film d'animazione. Alcuni dei più famosi disegnatori di caricature sono stati Charles Dana Gibson, Al Hirschfeld e Gerald Scarfe.

Oltre all' intrattenimento, le caricature possono avere scopi educativi e di denuncia sociale.

Le caricature sono state utilizzate per secoli per commentare la società e la politica, e continuano ad essere un mezzo efficace per esprimere opinioni e critiche attuali. Ci sono anche molti artisti che si specializzano nel disegno di caricature e che creano opere d'arte uniche e divertenti.

Il processo di creazione di una caricatura inizia con l'analisi dei tratti del viso e del corpo della persona o del personaggio che si vuole rappresentare, seguito dall'esagerazione di alcuni tratti per creare un'immagine divertente e accattivante. La scelta dei colori e dello sfondo è un'altra importante considerazione nella creazione di una caricatura.

Per creare una caricatura, è importante avere una buona comprensione delle proporzioni del viso e del corpo umano, nonché delle espressioni facciali.

La proporzione è importante perché ci permette di creare un'immagine che sia riconoscibile come la persona o il personaggio che rappresentiamo, ma allo stesso tempo ci permette di esagerare alcuni tratti per creare l'effetto desiderato.

Per quanto riguarda la scelta dei colori, i colori vivaci e saturi sono spesso utilizzati. È fondamentale scegliere uno sfondo adeguato per la caricatura, in modo da creare un contrasto efficace con la figura principale.

Si può imparare a disegnare caricature?

Sì, è possibile imparare a disegnare caricature. Come per qualsiasi altra forma d'arte, disegnare caricature richiede tempo, pratica e dedizione. Ci sono molti libri, tutorial online e corsi che possono aiutare a imparare le tecniche di base del disegno e dell'esagerazione dei tratti per creare caricature efficaci.

Praticare il disegno di ritratti e figure umane può essere utile per migliorare la propria comprensione delle proporzioni e delle espressioni facciali, che sono fondamentali per disegnare caricature.
E poi, una volta che si ha una comprensione di base delle tecniche di disegno, è importante continuare a praticare e sperimentare con diverse tecniche e stili per trovare il proprio modo unico di disegnare caricature.

In generale, imparare a disegnare caricature richiede tempo, pratica e dedizione, ma con gli strumenti giusti e la giusta motivazione, è possibile diventare un artista caricaturista di successo.

Come si lavora?

I caricaturisti lavorano creando immagini divertenti e spesso esagerate di persone, animali o personaggi. Possono utilizzare una varietà di tecniche, come il disegno a mano o la computer grafica, per creare le loro opere.

I caricaturisti spesso iniziano con uno schizzo a matita, per stabilire le proporzioni e le espressioni del soggetto. Successivamente, utilizzano una varietà di tecniche per perfezionare l'immagine e aggiungere dettagli e colori.

I caricaturisti professionisti possono lavorare in una varietà di contesti, come riviste, giornali, fiere, eventi, matrimoni, o anche come freelance. Possono anche creare opere personali per mostre o venderle come stampe originali.
Alcuni caricaturisti lavorano anche come illustratori, creando immagini per libri, riviste o siti web.

LE FORME BASE DEL VOLTO

Le forme di base per disegnare caricature sono quelle del viso e della testa.

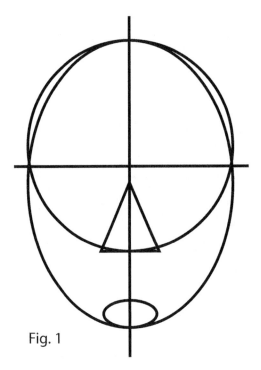

Fig. 1

Per quanto riguarda il viso, le forme di base di un volto sono costituite da:
- Forma ovale della testa
- Forma circolare della fronte
- Forma triangolare del naso
- Forma ovale o rotonda del mento

Inoltre, è importante prestare attenzione alle proporzioni dei tratti facciali, come gli occhi, le orecchie, la bocca e il naso.

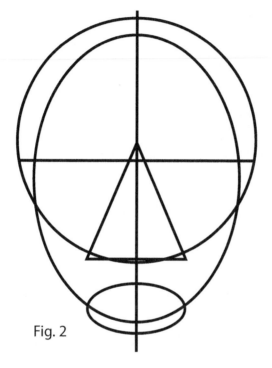

Fig. 2

A loro volta queste forme possono essere esasperate.

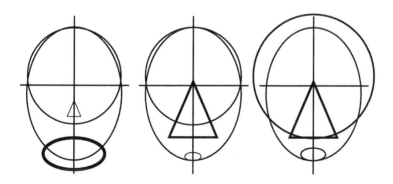

11

Per quanto riguarda la forma della testa, oltre quella ovale, ci sono forme come triangolo, cerchio, quadrato, esagono, pentagono.

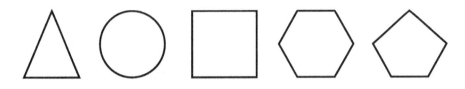

A loro volta queste forme possono essere esasperate.

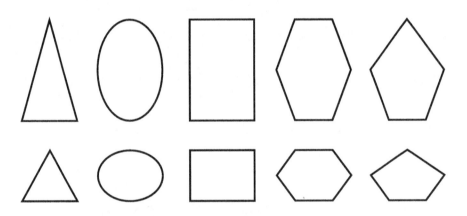

ANALISI DEI TRATTI DEL VISO

Il primo passo per disegnare una caricatura e analizzare i tratti del viso della persona che vuoi ritrarre. Presta attenzione alle proporzioni del viso, come la lunghezza del naso rispetto agli occhi, la forma delle labbra e la lunghezza della fronte. Cerca anche i tratti distintivi del viso, come le rughe, le sopracciglia e i capelli.
L'analisi dei tratti del viso è un passo fondamentale per creare caricature efficaci.

Ecco alcune cose da considerare quando si analizzano i tratti del viso per le caricature:

- Proporzioni: è importante comprendere le proporzioni del viso umano per creare caricature realistiche. Ad esempio, rappresentando una linea immaginaria orizzontale, gli occhi dovrebbero essere all'incirca alla stessa altezza, invece il naso dovrebbe essere disegnato in linea con la bocca.

- Espressioni: le espressioni del viso sono un elemento chiave per creare un'immagine accattivante. Ad esempio, si può fare sembrare una persona arrabbiata o confusa per creare un'immagine divertente.

- Caratteristiche distintive: ogni persona ha caratteristiche distintive, come un naso pronunciato o un mento sporgente, come un naso pronunciato, un mento sporgente o una bocca grande, tutti elementi che contribuiscono ad accrescere la somiglianza.

- Lineamenti: le linee del viso, come le rughe e le pieghe, possono essere esagerate per creare effetti comici.

In generale, l'analisi dei tratti del viso per le caricature implica la comprensione delle proporzioni, delle espressioni, delle caratteristiche distintive e delle linee del viso, nonché l'uso del colore per creare effetti comici.

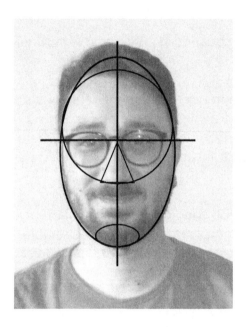

Prendiamo questo volto come esempio pratico.
Abbiamo in ordine:
- Forma ovale del testa
- Forma ovale del mento
- Forma rotonda della fronte
- Forma triangolare del naso

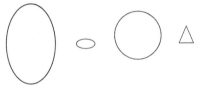

Forme base appena realizzate, iniziamo con disegnare il volto in questione, ora semplicemente cercando di mantenere le proporzioni.

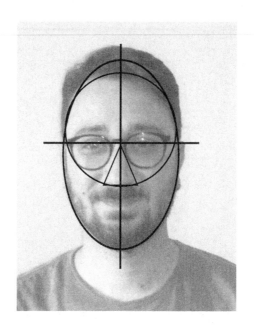

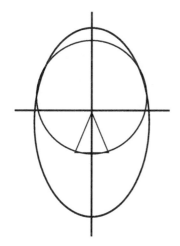 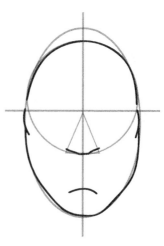

Presta attenzione alle proporzioni del viso, partiamo con la lunghezza del naso rispetto agli occhi, la forma delle labbra e la lunghezza della fronte. Cerca anche i tratti distintivi del viso, come le rughe, le sopracciglia, i capelli, la barba, gli occhiali ecc...

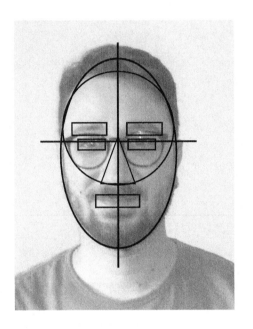

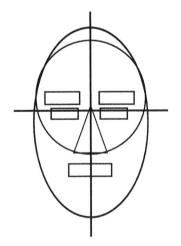 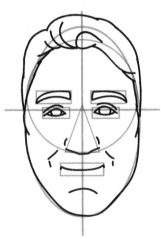

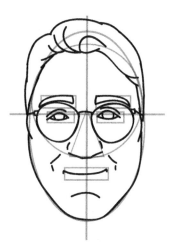

Aggiungiamo orecchie e collo e per finire completiamo con l'interno degli occhi.

ESAGERARE I TRATTI

Esagerare i tratti delle caricature è una delle principali tecniche utilizzate dai caricaturisti per creare immagini simpatiche. Ci sono diverse modalità per esagerare i tratti delle caricature:

- Ingrandire o allungare alcune parti del viso o del corpo per creare un effetto comico. Ad esempio, si può allungare il naso o ingrandire gli occhi per creare un'espressione divertente.

- Modificare la proporzione di alcune parti del viso o del corpo per creare un effetto comico. Ad esempio, facendo apparire la fronte più grande rispetto al resto del viso per creare un'espressione divertente.

- Utilizzare una gamma di colori vivaci per enfatizzare alcune parti del viso o del corpo e creare un effetto comico.

- Utilizzare linee di contorno spesse e nere per enfatizzare alcune parti del viso o del corpo.

In generale, l'esagerazione dei tratti delle caricature permette di creare disegni che attirano l'attenzione e fanno sorridere. È importante sapere utilizzare gli elementi in modo equilibrato per evitare di creare immagini confuse o troppo esagerate, che non trasmettono l'effetto desiderato.

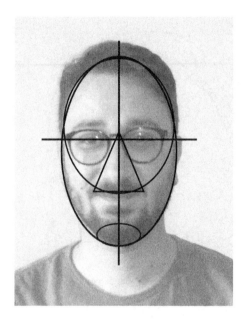

In questo caso decido di fare in ordine:
- Forma ovale della testa
- Forma ovale del mento
- Forma ovale della fronte
- Forma triangolare del naso più grande

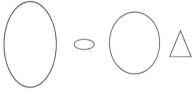

Aggiungiamo poi occhiali grandi, occhi grandi e bocca leggermente più' grande.

Entrando più nel dettaglio, lavoro sulle forme precedentemente elencate.

Ora voglio proporvi una piccola sfida: prendete un foglio e una matita e disegnate la caricatura di un famoso personaggio dello spettacolo, un amico o persino voi stessi. Sì, avete capito bene, la vostra caricatura! Non abbiate paura di esagerare i tratti, di ingrandire gli occhi o di allungare il naso, l'importante è divertirsi! Quando avrete finito, confrontiamo i disegni e vediamo chi ha creato la caricatura più divertente!

Ecco alcune idee per sbizzarrirsi:

Potere usare anche questa foto per allenarvi

Disegnate la caricatura di un famoso attore o cantante, esagerando i tratti.

Disegnate la caricatura di un amico o un familiare, cercando di catturare la loro personalità unica in un'immagine divertente.

Disegnate la vostra caricatura, esagerando i tratti per creare un effetto comico.

Sperimentate con diverse tecniche di disegno, come linee di contorno spesse.

LE SFUMATURE

Nelle caricature la tecnica di sfumatura può essere utilizzata per creare effetti di luce e ombra, dando loro profondità e realismo.

Ci sono diversi modi per sfumare le caricature.

- Sfumatura a matita: si può utilizzare una matita morbida per creare sfumature sulla carta. È possibile creare effetti di luce e ombra sui tratti del viso, come ad esempio sugli zigomi, sulla fronte e sulla mascella, per dare al viso una maggiore profondità e realismo.

- Sfumatura a pennello: si può utilizzare un pennello, l'acquerello o l'inchiostro per creare sfumature sulla carta. Questa tecnica è utile per creare effetti di luce e ombra sui capelli e sui vestiti del personaggio.

- Sfumatura digitale: si può utilizzare un programma di grafica digitale per creare sfumature su un'immagine digitale. Si possono utilizzare strumenti come lo strumento "pennello" o " pennello sfumato" per creare effetti di luce e ombra sui tratti del viso, sui capelli e sui vestiti del personaggio.

La sfumatura può essere fatta con matita, pennello o con strumenti digitali, dipende dalle tue preferenze e abilità.

Pennarelli di varie dimensioni e matita

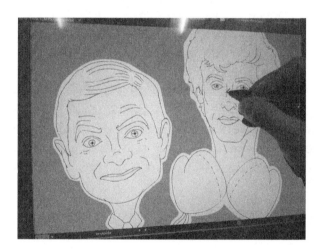

Tavoletta grafica a monitor

CONCLUSIONE

Per diventare un esperto nella creazione di caricature, è importante studiare la tecnica e la prospettiva, oltre che avere una buona comprensione dell'anatomia umana. È inoltre importante osservare i modelli e studiare i loro tratti distintivi, per poi esagerarli in modo creativo nella tua opera.

Inoltre, è fondamentale sperimentare con diverse tecniche di disegno e colorazione, come matita, pennello, digitale, per trovare quella che si adatta meglio al tuo stile e al tuo modo di lavorare.

Anche la scelta dello sfondo e dei colori è importante per creare un'atmosfera adatta alla tua caricatura. Uno sfondo semplice e pulito può mettere in risalto i tratti del viso, mentre uno sfondo più elaborato può creare un'atmosfera divertente e surreale.

In generale, disegnare caricature è un'arte divertente ed emozionante che richiede un'analisi attenta dei tratti del viso, un'esagerazione creativa dei tratti e una scelta attenta dei colori e dello sfondo. Con pratica e dedizione, si diventa in grado di creare immagini divertenti e accattivanti che faranno ridere e sorridere.

Ciao amici artisti!

Grazie per l'attenzione.

Non importa se sei un principiante o un professionista, vorrei vedere cosa sei in grado di fare dopo la lettura e la pratica fatta della mia guida. Sono interessati a tutti i tipi di stili e tecniche, quindi non abbiate paura di sperimentare e di mostrare la vostra creatività.

Invia i tuoi disegni alla mail:
fattidisegnare@gmail.com
e sarò felice di dare un'occhiata al tuo lavoro. Non vedo l'ora di vedere cosa mi invii!

E ricorda che la creatività non ha limiti, quindi divertiti e sbizzarrirti con le tue idee!

A presto!

Printed in Great Britain
by Amazon

41296409R00020